DÉCISION

Relative à la prise du navire le Wilhemsbourg.

Du 19 Brumaire an 9.

AU NOM DE LA RÉPUBLIQUE FRANÇAISE,
UNE ET INDIVISIBLE.

LE CONSEIL DES PRISES, établi par l'arrêté des Consuls du 6 germinal an 8, en vertu de la loi du 26 ventôse précédent, a rendu la décision suivante :

Entre *Jens Booysen,* capitaine du navire sous pavillon danois *le Wilhemsbourg,* d'une part ;

Et les C.ens *Barrié* et *Saurin,* armateurs du corsaire français *la Revanche,* de Bordeaux, d'autre part ;

Vu, &c.

Vu les conclusions du commissaire du Gouvernement, déposées cejourd'hui par écrit sur le bureau, et dont la teneur suit :

LE *WILHEMSBOURG,* naviguant sous pavillon danois, fut pris, le 25 fructidor an 6, par la lettre de marque *la Revanche,* de Bordeaux, et conduit au *Passage,* port d'Espagne.

Comme il n'y avait point de consul français au Passage, la première instruction sur la capture se fit par les autorités de Saint-

Sébastien, autre port espagnol, d'où l'affaire fut portée au tribunal de Baïonne, comme le plus près.

Plusieurs jugemens ont été rendus dans cette affaire par le tribunal de commerce de Baïonne et par le tribunal civil des Basses-Pyrénées.

J'en rendrai compte au Conseil dans l'ordre des faits : mais comme ce n'est que dans les pièces de bord qu'on doit chercher la vérité ; que ce n'est que par elles, et par les circonstances qui les précèdent, les accompagnent et les suivent, qu'on peut parvenir à découvrir la preuve de la neutralité ou non-neutralité du navire et de la cargaison, je crois devoir me livrer préalablement à l'examen et à l'analyse de ces pièces, parce que c'est le seul moyen d'apprécier les décisions des tribunaux et de préparer la vôtre.

En suivant l'ordre chronologique des pièces, on trouve d'abord, à la date du 11 juin 1792, que *Peter Bénecker*, constructeur de navires, comparaît devant le tribunal du bailliage du Wilhemsbourg, *du Royal Grande - Bretagne et de l'électorat Brunswick - Lunébourg, disant comme quoi il a été construit et fabriqué par lui, pour compte des héritiers de Bézéend-Roosen, de Hambourg, et y résidant, sur leur propre chantier situé dans ce bailliage, au Reykerstige, dans le courant de l'année 1792, un navire neuf ou barque à trois mâts et à deux ponts,* nommé Wilhemsbourg.

Au bas de la première page de cette lettre de construction, on lit : *Produit au sénat d'Altona le 17 mars 1794 ; produit à la commission d'Altona le 12 février 1796 ; produit au sénat d'Altona le 21 septembre 1797.*

Du 4 mars 1794, acte de vente de ce navire par les héritiers *Bézéend-Roosen* à M. *Hermann de Voss*, fils de *Peter*, négociant à Altona.

Cette vente est faite pour la somme de 54,000 marcks banco, que les vendeurs déclarent *avoir déjà reçue des acquéreurs.*

Du 6 mars 1794, acte constatant que *Jens Booysen*, capitaine du *Wilhemsbourg*, est de Kietiens, île de Sylst, située dans la mer du Nord et dans les états de Danemarck.

Du 10 mars 1794, certificat de jaugeage du navire.

Du 12 mars 1794, contrat d'armement du navire, duquel il résulte que *Hermann de Voss, se disant acquéreur dudit navire par l'acte du 4 mars 1794 ci-dessus cité*, fait la répartition des parts dudit navire entre lui et *les soussignés, seuls et véritables possesseurs et propriétaires dudit navire et ses dépendances, chacun pour son intérêt; comme aussi*, dit Hermann, *comme co-intéressé, déclare avoir été payé et satisfait des parts que j'ai cédées dans ledit navire à cet égard.*

Ces parts qu'*Hermann de Voss* dit avoir cédées, le sont à *Peter de Voss;* elles consistent en un *huitième*, les sept huitièmes restans appartenant à *Hermann*, d'après leurs actions déterminées par leur signature.

Je remarquerai, en fait, que l'acte de cession fait par *Hermann* à *Peter* de ce *huitième*, ne se trouve pas parmi les pièces de bord, et que le prix en a, dit-on, été payé comme dans le premier acte de vente, avant le transport qui en a été fait.

Du 4 mai 1797, lettre relative à une précédente capture du navire. Dans cette lettre on parle de *Smith* de Londres comme *commissionnaire.*

Du 6 juin 1797, lettre de Londres indiquant que le navire est à Portsmouth sous la main d'un capteur.

Du 20 juillet, lettre écrite de Gosport, annonçant le retour du navire.

Du 8 septembre 1797, lettre d'Altona à MM. *Smith*, de Londres, par laquelle il prétend que si *deux Américains sont arrivés de Surinam à Londres sans être pris, il doit lui être permis aussi de trafiquer pour Surinam.*

Du 21 septembre 1797, déclaration de propriété par *Hermann* et *autres*, faite devant les bourguemestre et sénateurs d'Altona.

Du 27 septembre, rôle d'équipage arrêté par l'officier de marine d'Altona.

2

Du 29, engagement de l'équipage, passé devant le bailli de marine à Altona.

À la suite de ce contrat d'engagement, et à la date du 3 avril 1798, on lit, 1.° l'engagement de *Johann Trans* en qualité de chirurgien, pour faire le voyage de Para-Maribo à Hambourg ;

2.° L'engagement de deux matelots à Saint-Thomas, du 11 août 1798 ;

3.° Le congé d'un matelot.

Du 11 octobre 1797, *procuration* par les propriétaires du navire à *Jens Booysen*, capitaine, pour vendre la cargaison et en acheter une autre à Surinam ou ailleurs.

Il est dit dans cette procuration, que le navire est destiné directement de Hambourg pour Surinam, *suivant la charte-partie ci-annexée.* Cette charte-partie *ci-annexée* est d'une date postérieure de vingt jours.

Du 25 octobre, passe-port du roi de Danemarck, expédié à Copenhague.

Du même jour, *laissez-passer* de la chambre d'économie.

Du 30 octobre 1797, certificat de la douane de Hambourg.

Du même jour, lettre écrite d'Altona à MM. *Smith* et compagnie, de Londres.

J'observerai au Conseil que cette lettre est le sujet d'une discussion assez grave entre les parties : chacune d'elles en a versé une traduction au procès ; on dirait que l'intérêt particulier a dicté ces deux traductions. Entre ces deux intérêts se place naturellement celui du magistrat qui cherche la vérité de bonne-foi. J'ai donc fait faire aussi une traduction de cette lettre par un des interprètes attachés au Conseil, et c'est d'après cette traduction que je vais transcrire de cette pièce ce qui est relatif à la cause.

C'est le capitaine qui va parler.

« J'avais et j'ai encore l'espoir que l'affaire relative à ma cargaison » se terminera sans venir en justice réglée, et que conséquemment

» il en sera de même *pour ce qui regarde mon navire.* Il ne reste » donc plus qu'à attendre l'événement. »

Et en parlant des deux capitaines américains qui venaient avec lui de Surinam à Londres, où ils étaient arrivés sans avoir été pris, il dit : *S'il est libre à eux de trafiquer avec Surinam, il doit l'être également pour moi.*

Il ajoute ensuite :

» J'ai reçu depuis quelques jours un document d'après lequel » je suis pleinement en liberté de trafiquer avec *Surinam ;* c'est une » permission du roi d'Angleterre à ceux de ses sujets qui ont des » plantations à Surinam, d'en exporter le produit sur des navires » neutres, et de les importer en Angleterre. Cette permission est » datée du 11 septembre 1795 : ainsi je suis assez tranquille sur » notre affaire en appel.

» Je suis maintenant prêt à faire voile pour me rendre à Surinam.

» J'espère me tirer mieux d'affaire cette fois-ci que la précédente, » à raison du fret ; sans cela je ne saurais guère ce que *nous pour-* » *rions entreprendre.* »

Du 31 octobre 1797, charte-partie passée entre le sieur *Bézéend-Roosendsal,* bourgeois et négociant de Hambourg, les sieurs *Peter de Voss* et *Hermann de Voss,* fils de *Peter,* bourgeois et négociant d'Altona, comme *affréteurs* d'une part, et le capitaine *Jens Booysen,* commandant le navire danois *le Wilhemsbourg,* comme *fréteur* d'autre part.

Le capitaine s'engage à ne prendre aucune marchandise à Surinam que pour le compte *des affréteurs, sous quelque prétexte que ce puisse être.* Il dit dans ce contrat, que les frais des déclarations aux douanes, pour les marchandises, seront au compte des *affréteurs,* et *ceux du navire pour le compte du capitaine.*

Les soumissions des parties contractantes les unes envers les autres, sont, de la part des *affréteurs,* l'engagement de leur *cargaison ;* et de la part du capitaine, sa personne, son *navire* et fret.

3

Du 1.er novembre 1797, procuration dans laquelle *Roosen* prend la qualité de co-propriétaire du navire. J'observe que cette procuration ne se trouve que par copie dans une procédure prise à la Martinique.

> *Nota.* Le capitaine prétend que cette pièce n'est point une procuration, mais une lettre de crédit. La traduction de cette pièce la caractérise de *procuration*.

Du 2 novembre 1797, déclaration faite par *Peter Voss* et *Hermann Voss* fils *seulement*, à la présidence suprême d'Altona,

Qu'ils ont à Surinam une *cargaison des productions de l'Amérique, dont il sera fait mention dans les connaissemens qui en seront dressés après le chargement; que les trois quarts des susdits effets et marchandises y seront chargés pour leur seul compte et risque;* que ces trois quarts appartiennent en *seul* à eux; que depuis l'embarquement il n'y aura ni ne sera entrepris aucun changement de propriété; que point d'autres connaissemens desdits effets et marchandises ne seront faits ni dressés.

J'observerai au Conseil que cet acte, qui est *sous la date de 1797,* est *sur papier timbré 1798.*

Muni de toutes ces pièces, *le Wilhemsbourg* fait voile pour Surinam le 5 novembre 1797.

Arrivé à Surinam, le capitaine du *Wilhemsbourg* s'occupa de son chargement en retour pendant les mois de janvier, février, mars et avril.

Divers comptes ou notes particulières établissent la preuve qu'il a *acheté* de diverses habitations de *Surinam.*

Par une lettre du 24 janvier 1798, il témoigne la crainte de n'avoir pas assez *de crédit* pour compléter sa cargaison. Il annonce un chargement de 8,500 liv. pour son compte, qu'il prie de faire assurer.

Le 18 avril il annonce son prochain départ et l'achat de quelques marchandises pour son compte, *n'ayant osé,* dit-il, *le prendre pour celui de ses armateurs.*

Le dernier achat que le capitaine fit à Para-Maribo est du *18 avril 1798 ;* c'est un article de poivre.

Cinq connaissemens embrassent toute sa cargaison à Para-Maribo.

Deux sont en faveur des sieurs *Roosen , Peter de Voss* et *Hermann de Voss.*

Par ces deux connaissemens , ce capitaine *déclare avoir reçu de lui , comme subrécargue , les marchandises mentionnées aux connaissemens ; en témoignage de quoi il déclare avoir signé , ou son écrivain.*

Ces deux connaissemens sont en effet signés de lui , non de l'écrivain. Ils sont tous deux à la date du 14 avril 1798 , c'est-à-dire, antérieurs aux derniers achats , qui sont du 18.

Deux *duplicata* d'un autre connaissement en faveur du capitaine , qui déclare avoir reçu *ses propres marchandises.* Ce connaissement est à la même date ; il est signé par le capitaine seul, et il y est dit qu'il sera signé par lui ou par l'écrivain.

Ce qu'il y a de remarquable dans ce connaissement , c'est que, quoique ce soient les propres marchandises du capitaine , il y est dit qu'il lui sera payé *pour fret à raison de ce, suivant la charte-partie.*

Les deux autres connaissemens sont en faveur d'un homme d'Amsterdam ; le nom du navire y est laissé en blanc : ils sont sans date et sans signature.

Du 14 avril , manifeste de marchandises destinées pour Amsterdam. Cette pièce se trouve transcrite dans la procédure de la Martinique.

La dernière pièce de Para-Maribo est un laissez-passer du commandant, du 16 avril 1798.

Le Wilhemsbourg partit enfin de Para-Maribo *le 13 avril 1798.* En partant il a échoué à Brampoint, où il séjourna jusqu'au 20.

Il faisait voile pour Hambourg lorsqu'il fut pris par *l'Aimable-Alerte ,* corsaire anglais, qui le conduisit à Saint-Pierre de la Martinique, où il arriva le 28 avril.

C'est dans un protêt fait le 30 par le capitaine, et sous la religion du serment, que nous puisons ces faits.

Le corsaire *l'Aimable-Alerte* s'étant pourvu au juge de la Martinique

4

en confiscation du navire et de la cargaison, on fit les procédures d'usage chez toutes les nations.

Il résulte des interrogations du capitaine, qu'il avait vingt-quatre hommes d'équipage, tous embarqués à Hambourg, excepté le chirurgien ;

Qu'il n'a *aucune portion dans le navire ni son chargement ;*

Qu'il a une pacotille de 12,000 guilders (24,000 liv.) ;

Qu'*Hermann de Voss* et *Peter sont propriétaires ;*

Ensuite qu'*Hermann Voss, Peter* et *Bézéend-Roosen sont les propriétaires*, aussi les consignataires ; que la cargaison leur appartient ;

Qu'il a signé cinq connaissemens ; qu'aucun d'eux n'est faux ni masqué ;

Qu'en 1794 le navire avait été pris et conduit à Londres ;

Qu'en 1796 il avait été conduit à Portsmouth, et toujours relâché ;

Qu'il a fait passer trois connaissemens par la voie d'Amérique ; qu'il en a laissé à Surinam ;

Qu'il avait à bord huit passagers embarqués à Surinam pour Hambourg ; que chaque passager avait son passe-port de Surinam.

Dans une addition aux interrogatoires, le capitaine *Booysen* dit que les héritiers *Bézéend-Roosen* ont vendu le navire, en 1794, à *Hermann Voss Peter ;* que celui-ci en a vendu un huitième à *Peter Voss ;* qu'ils en sont *les vrais et seuls propriétaires ;*

Que les trois quarts de la cargaison sont à *Hermann* et *Peter*, et l'autre quart à *Roosen ;*

Qu'une portion de la cargaison pour Surinam était tirée de *Londres* par *Roosen ;*

Qu'il a augmenté les factures de 25, 30, 40 pour 100, pour couvrir les frais d'assurance, courtage, droits à Surinam et le fret, et ensuite le 10.ᵉ pour 100 en sus ;

Qu'il paraît, d'après quelques-uns de ses papiers délivrés au capteur, qu'il a acheté *plus de coton* qu'il ne paraît y en avoir maintenant à bord.

A la suite de cette procédure, et par jugement du 19 juin 1798, le juge de la Martinique, prononçant sur la capture du *Wilhemsbourg*, ordonna la restitution du navire et de la partie du chargement qui avait été achetée du produit de la cargaison d'allée de Hambourg à Surinam, ainsi que *les pacotilles de l'équipage*, et il ordonna la confiscation du reste.

Le capitaine appela de ce jugement aux tribunaux de Londres.

Son navire lui fut remis avec la portion du chargement non confisquée, *d'après les arrangemens pris avec les capteurs*, et la partie confisquée fut envoyée à Londres, pour y attendre l'événement de l'appel.

Avant de partir de la Martinique, le capitaine *Booysen* écrivit à ses armateurs qu'il en partirait avec le convoi anglais.

Le Wilhemsbourg partit en effet *avec le convoi* (*Vide* les lettres) pour Saint-Christophe, et de là pour Saint-Thomas.

Le 31 juillet 1798, il écrivit à MM. *Hermann* et *Peter :* « Je n'ai » que le temps de vous annoncer mon arrivée ici (Saint-Thomas); » j'ai fait voile le 24 du courant ($^{avec.........}_{en\ même\ tems\ que}$) le convoi allant à » Saint-Kith [Saint-Christophe]; *de là* j'arrivai ici le 29, avec » *Petersen*, qui était dans le même convoi. Je ne puis vous dire » quand je partirai d'ici; je crains qu'il n'y ait rien à charger pour » moi dans ce port. »

On trouve dans le dossier, daté de Saint-Thomas,

1.º Du 8 août, un certificat de santé;

2.º Un laissez-passer de la douane, du 8 août 1798 (1);

A la date du 11 août, un manifeste du chargement, signé *Booysen;* Du même jour, un connaissement non signé.

Le Wilhemsbourg mit à la voile, de Saint-Thomas, le 12 août 1798. Arrivé à la hauteur du 47º 30′ de latitude nord et de 26º de

---

(1) A la suite de ce *laissez-passer*, on lit : Présenté à *Christianfort* le 9 août 1798; passé à *Thomasfort* le 9 août 1798, signé par l'officier inspecteur du port. Du 11 août, passé librement à la chambre des douanes de Saint-Thomas; présenté à *Christianfort* le 12 août 1798.

longitude, méridien de Paris, il fut rencontré par la lettre-de-marque *la Revanche*, de Bordeaux, qui l'amarina sur le fondement « que » 43 sacs de poivre étaient de la côte de Guinée, ce que le cap- » taine *Booysen* a confirmé ; que diverses denrées, comme sucres » et cafés, n'étaient pas portées sur les connaissemens ; qu'il a paru » à l'équipage du corsaire, par un de ces connaissemens, que le » navire avait touché à Saint-Pierre de la Martinique ; que toutes » ces considérations, jointes aux dix canons, sabres et munitions, » avec le fort équipage dont le navire était monté, l'ayant fait » paraître suspect, on l'avait amariné et provisoirement envoyé dans » un des ports de France. » *Ce procès-verbal est signé par le capi-* » *taine capturé.*

Le navire fut conduit au Passage, port d'Espagne.

Par défaut de consul français en ce port, la première instruction de l'affaire se fit à Saint-Sébastien, autre port espagnol. Le capturé demanda le déchargement du navire ; le capteur s'y opposa, attendu que l'affaire avait été renvoyée au tribunal de Baïonne, comme le plus près.

L'instruction faite à Saint-Sébastien fut remise au juge de paix de Baïonne, qui commit deux interprètes, l'un pour traduire la procédure espagnole, l'autre pour faire la traduction des pièces de bord.

Il résulte de l'information prise à Saint-Sébastien, et des réponses du capitaine *Booysen*, que *le Wilhemsbourg* appartient à *Hermann Voss Peter* et à son frère d'Altona ; qu'ils en sont propriétaires depuis 1794 ; que son équipage était composé de *vingt-trois* hommes (lui compris) ; qu'il était consigné à lui-même ; qu'il avait chargé pour trois personnes d'Altona et de Hambourg ; que sa cargaison consistait en café, sucre, coton et poivre de Malaguite ; que sa destination était pour Hambourg ; qu'il naviguait sous passe-port et pavillon danois ; que son équipage se composait de *vingt-cinq* hommes (lui compris) et *trois passagers* ; que l'un de ces derniers s'était noyé ; que son navire ne faisait partie d'aucun convoi.

L'affaire s'étant engagée devant le tribunal de commerce de Baïonne, il intervint un jugement le 24 messidor an 7.

Ce tribunal déclara invalide l'arrestation du *Wilhemsbourg ;* il fit main-levée du navire et de la cargaison, ordonna que l'un et l'autre seraient remis en l'état où ils étaient lors de l'arrestation, et condamna les armateurs aux dommages-intérêts du capturé, et aux dépens.

Ce jugement fut confirmé, le 22 thermidor an 7, par le tribunal civil du département des Basses-Pyrénées, contre les conclusions du commissaire du Gouvernement.

Les armateurs se pourvurent en cassation contre ce dernier jugement.

L'affaire était pendante devant le tribunal de cassation, lorsque le capitaine capturé renouvela sa demande en déchargement de son navire et en vente de la cargaison.

Les armateurs du corsaire consentirent à cette demande, à condition, 1.º que le déchargement serait fait sous inspection des officiers publics et en présence de leur chargé de pouvoirs ; 2.º que les marchandises seraient vérifiées et examinées par experts qui en *constateraient l'origine.*

Le capturé s'étant refusé à cette vérification, poursuivit les fins de sa demande devant le tribunal de commerce de Baïonne, qui débouta les capteurs de leur demande en vérification de l'origine des marchandises, et fit droit à la demande du capturé.

En exécution de ces jugemens, les marchandises ont été déchargées.

Les armateurs appelèrent de ce jugement au tribunal des Basses-Pyrénées, qui le confirma le 27 ventôse an 8.

C'est en cet état que la cause est aujourd'hui soumise à la décision du Conseil.

Le capteur conclut à la confiscation du navire et de la cargaison.

Il établit ses conclusions sur divers moyens.

D'abord, il considère le navire comme ennemi, attendu qu'il est de construction hanovrienne.

Il prétend qu'il y a une contradiction manifeste entre les diverses pièces de bord ;

Que les véritables propriétaires du *Wilhemsbourg* sont les *Smith* de Londres ; que la correspondance démontre ce fait ; que c'est pour masquer la propriété ennemie qu'ils feignent d'écrire à Altona ou à Hambourg ;

Que le navire naviguait avec une commission anglaise, ce qui était démontré par la lettre du 30 octobre 1797 ;

Que le navire avait navigué avec un convoi anglais.

Sur la contravention aux lois, il soutient, d'après l'article 1.er du titre des prises de l'ordonnance de 1681, qu'aucun ne peut armer veisseau en guerre sans commission ;

Que *le Wilhemsbourg* étant armé sans commission, est en contravention aux lois ;

Que son passe-port ne porte point la charge du navire ;

Que lors de l'expédition du passe-port, le navire était à Hambourg, non dans les états du roi de Danemarck ;

Que le rôle d'équipage arrêté par les officiers d'Altona, aurait dû l'être par ceux de Hambourg, lieu du départ ; que les hommes de l'équipage étant mêlés de Danois et d'*Allemands,* et ces derniers étant ennemis, appelleraient nécessairement les dispositions de l'article X du règlement de 1778 ;

Qu'il n'y a point de charte-partie pour la cargaison de Surinam ; qu'on n'en trouvait qu'une facture non signée ; que les connaissemens n'étaient signés que par le capitaine ; que ceux relatifs au capitaine sont nuls, parce que personne ne peut se faire titre à soi-même ; que les connaissemens faits à Surinam et à Saint-Thomas sont faits sur le même formulaire imprimé, circonstance qui démontre la simulation ; qu'il est convenu qu'une partie de la cargaison est sans connaissemens, et que les connaissemens existans n'indiquent que les consignataires, non les propriétaires.

Le capitaine capturé s'appuyant d'abord sur les deux jugemens qui ont reconnu la neutralité du navire et de la cargaison, soutient que ce n'est pas par des allégations, mais par des preuves, qu'il faut établir la simulation; que la propriété neutre est prouvée ; que les *Smith*, de Londres, n'étaient que les *commissionnaires* des propriétaires d'Altona et de Hambourg; que le navire n'a point voyagé *avec un convoi anglais*, et que, lorsque cela serait, le fait devenait indifférent, puisque les Anglais sont neutres à l'égard des Danois; que la permission du roi d'Angleterre n'était point un passe-port, mais une pièce relative à la liberté du commerce à Surinam ; que le navire n'est point de construction ennemie ; que nous ne sommes point en guerre avec la Hanovre ; que, quand cela serait, le navire avait été neutralisé avant l'époque de la guerre.

Quant aux pièces de bord, il soutient que lorsque le passe-port serait nul, la neutralité n'en serait pas moins prouvée par les autres pièces ; que la charge du navire était constatée par le manifeste et le certificat des sénateurs d'Altona ; que les eaux d'Altona et de Hambourg ne formant qu'un même port, le lieu de la station du navire est indifférent.

Sur l'armement du navire, on invoque la décision du Pégou, et le droit d'armer en marchandises.

La connaissance des faits vous fait apprécier d'avance ces divers moyens ; je ne les analyserai point ; ils vous sont connus par les mémoires des parties et par le tableau que vous en a fait le rapporteur. Je passe à la discussion des pièces et des faits.

Je rapprocherai les uns des autres, pour faciliter vos moyens de décision. En reprenant les pièces de bord, je les comparerai aux opérations auxquelles elles étaient destinées, en suivant l'ordre des temps et des lieux. C'est de cette manière que vous pourrez parvenir à découvrir, dans cette multitude de faits et de circonstances, si la capture est ou n'est pas fondée.

Vous avez vu par l'acte du 11 juin 1792, que *Peter Bénecker* déclare avoir construit, dans le courant de l'année 1792, le navire *le Wilhemsbourg*, pour compte des héritiers de *Béséend-Roosen*, de Hambourg; que, le 4 mars 1794, ce navire a été vendu à *Hermann de Voss*, d'Altona.

L'acte de construction fut remis au nouvel acquéreur, qui le produisit treize jours après au sénat d'Altona.

J'observerai qu'il me paraît bien étrange que le constructeur dise, au mois de juin 1792, qu'il a construit le navire dans le courant de l'année 1792, c'est-à-dire que, n'étant pas encore au milieu de l'année 1792, il en parle comme d'un temps passé. On dirait qu'on a eu quelque motif particulier pour donner à cet acte une date reculée.

Il ne paraît pas moins étrange que ce navire ait resté deux ans entre des mains aussi actives que celles des Hambourgeois, sans avoir fait aucun voyage. Je tire cette conjecture de ce que l'acte de construction n'a été produit la première fois, pour naviguer, que le 17 mars 1794.

Ces remarques vous paraîtraient minutieuses si elles étaient isolées; mais d'après la connaissance détaillée que j'ai des pièces, vous verrez que ces circonstances font corps avec d'autres bien plus graves.

Seul acquéreur du navire, *Hermann de Voss* paraît, par l'acte d'armement, en avoir vendu un huitième à *Peter de Voss*. Voilà donc deux propriétaires de la totalité du bâtiment; cependant, par la charte-partie, *Béséend-Roosen*, de Hambourg, figure au rang des propriétaires comme *affréteur*.

Il y a plus, *Béséend-Roosen* prend la qualité de *co-propriétaire* du navire, dans une *procuration* à la date du 1.er novembre 1797.

Nota, C'est cette pièce que le capitaine qualifie de lettre de crédit; mais le mot *co-propriétaire* du navire n'existe pas moins.

Cet acte, que nous n'avons pas trouvé en original parmi les pièces de bord, se trouve transcrit dans la procédure de la Martinique, produite au procès par le capitaine *Booysen*.

Il est vrai qu'on a voulu faire disparaître ce mot *propriétaire* de la traduction française de cette pièce, et qu'on y a substitué le mot *armateur:* mais cette fraude devient évidente, par la négligence de n'avoir pas fait la même correction sur le type anglais, où l'on trouve le mot *propriétaire* sans altération.

Voilà donc *Roosen propriétaire* sans savoir pourquoi ni comment.

Ce qu'il y a de plus bizarre, c'est que la charte-partie porte la soumission de la cargaison *envers le capitaine,* et, de la part du capitaine, *la soumission de son navire* et du fret envers les autres parties contractantes.

Il est vrai que le capitaine prétend que *Roosen* n'étant que co-propriétaire de la cargaison, il devait soumettre son navire envers lui par un juste retour de soumission ; que ces sortes de soumissions ne sont d'ailleurs que de forme. Mais ici la clause est générale; elle est en faveur d'*Hermann Peter* comme en faveur de *Roosen,* et celui-ci n'en a pas moins déjà pris la qualité de co-propriétaire. C'est donc la co-propriété qu'on lui offrait en garantie.

De sorte qu'ici le capitaine paraît définitivement rester *seul propriétaire* du navire, malgré tout ce qui a été dit ci-dessus sur les variations de la propriété de ce bâtiment.

Le capitaine *Booysen* a néanmoins affirmé dans ses réponses à la Martinique et depuis, *n'avoir aucune portion d'intérêt dans le navire* dont *Hermann* et *Peter* étaient les seuls *propriétaires ;* ni lui ni *Roosen* n'ont conséquemment plus aucun droit à la propriété.

Je vous avoue naturellement que ces contradictions répandent un nuage mystérieux sur l'origine de la propriété, qu'il ne m'est pas permis de dissiper, mais qui fait entrevoir un germe de simulation et une présomption de fraude dont je ne puis me défendre et que je ne puis dissimuler.

Tantôt *Bézéend-Roosen* vend le navire à *Hermann de Voss.*

Huit jours après celui-ci dit en avoir revendu un huitième à *Peter,* sans qu'il paraisse de cette vente.

Bézéend-Roosen devient co-propriétaire sans savoir comment. En contractant avec ces trois propriétaires, le capitaine leur oblige *son navire;* ce qui semble en fixer la propriété sur sa tête; car il n'est pas naturel qu'on offre en garantie, à un tiers, la chose qui lui appartient en propre.

Postérieurement *Roosen* contracte encore comme *co - propriétaire du navire*.

Le capitaine finit enfin par le dépouiller de cette propriété. Tout cela forme un concours assez singulier pour faire conjecturer la suspicion.

Ce mystère s'éclaircira peut-être dans la suite; mais j'avoue que c'en est un pour moi.

Vous avez vu par l'historique des faits, que, par procurations des 11 octobre et 1.er novembre 1797, *Roosen* et *Hermann de Voss* établissent *Jens Booysen subrécargue et agent* de la cargaison; qu'ils lui donnent tous les pouvoirs relatifs suivant la charte - partie *ci-annexée*.

Or, cette charte - partie *ci - annexée* se trouve postérieure de vingt jours à l'acte qui en fait mention. Comment se fait-il qu'une procuration qui doit être un effet, une exécution de la charte-partie, précède sa cause de vingt jours? cela ne fait-il pas supposer l'existence d'une charte-partie que nous ne voyons point? car les officiers publics, et les notaires sur'-tout, se garderaient bien de citer un acte non existant.

En suivant l'ordre que je me suis prescrit, je devrais parler nécessairement de la lettre du 30 octobre 1797; mais gouverné par les faits, je la rejetterai à la fin de la discussion.

Vous avez vu par la charte-partie, que le capitaine s'engage à ne prendre aucune marchandise à Surinam que pour le *compte des affréteurs, sous quelque prétexte que ce puisse être.* Cependant de cinq connaissemens trouvés à bord, deux seulement sont pour le *compte des affréteurs*, un pour le compte du capitaine, et deux pour des citoyens d'Amsterdam. Et dans les pièces produites à la Martinique, on trouve un manifeste de chargement destiné en entier pour Amsterdam, sans qu'on y remarque les noms des chargeurs ni des consignataires.

Par le déchargement fait à Saint-Sébastien, beaucoup de marchandises se trouvent sans connaissemens et à une marque étrangère aux armateurs. Or, toutes ces opérations du capitaine, contraires à la charte-partie, font donc supposer qu'il en existait une secrète.

Par la déclaration du 2 novembre, faite par *Peter de Voss*, il est dit qu'ils ont à Surinam *une cargaison des productions de l'Amérique.*

Cependant on voit, par les comptes du capitaine à *Para-Maribo*, qu'ils n'avaient aucune cargaison, puisqu'il a acheté la sienne *de diverses habitations de Surinam*, et qu'il manquait même *de crédit pour compléter sa cargaison.*

Le capitaine, *Hermann* et *Peter*, en ont donc imposé aux magistrats, en déclarant qu'ils avaient une cargaison à Surinam.

En partant d'Altona, le capitaine avait un équipage arrêté par les officiers publics, et son équipage était composé de vingt-quatre individus ; cependant, tantôt il en déclare vingt-deux, tantôt vingt-trois, tantôt vingt-quatre, tantôt vingt-cinq.

Son équipage a souffert des changemens dans la route. Le navire a abordé à Para-Maribo, à la Martinique, à Saint-Christophe, à Saint-Thomas ; cependant, ni le rôle d'équipage, ni les changemens arrivés à l'équipage, n'ont été *visés* ni *arrêtés* par les officiers publics de l'amirauté de ces divers lieux de relâche.

Le capitaine a bien un laissez-passer de Saint-Thomas ; mais son passe-port n'y a pas été visé, ni le supplément de son rôle d'équipage arrêté par les officiers publics du lieu.

Il y a plus : le capitaine dit, dans ses réponses, qu'il avait *huit passagers* embarqués à Surinam ; il en a avoué *trois* à Saint-Sébastien ; il ne convient plus que d'*un* devant le tribunal de Baïonne : que sont-ils devenus ?

On ne connaît ni l'origine, ni la qualité, ni l'emploi de ces passagers sur le navire. On ne voit pas ce qu'ils sont devenus ; s'ils ont remplacé ou non des membres de l'équipage du navire.

Cependant, les lois et les règlemens veulent également que les rôles d'équipage, les changemens à l'équipage et les noms des passagers soient portés sur les rôles, et que ces rôles soient arrêtés par les officiers du lieu du départ; et cela est tout simple.

Les dispositions des règlemens ont été sagement établies à cet égard, pour prévenir la fraude, et afin d'empêcher qu'on ne reçût des ennemis à bord pour commander et diriger le navire et la cargaison.

« Car (disait sagement mon prédécesseur dans l'affaire de *la Carolina*, *Wilhelmina*, armateur *Dauchy*) il serait inutile que les règlemens
» eussent exigé un rôle arrêté, si ce rôle pouvait ensuite éprouver
» des changemens arbitraires et obscurs sans l'aveu d'aucun officier
» public. Des changemens non approuvés, que l'on découvre dans
» un acte, en compromettent la légalité et en font suspecter la
» foi : un acte qui manque de certaines formes, n'est qu'irrégulier;
» mais celui qui nous offre des altérations sensibles et essentielles,
» est réputé frauduleux. »

Ce défaut de formalité, la variation dans la déclaration du capitaine, indiquent des mesures frauduleuses, et font nécessairement présumer que ces passagers étaient des ennemis cachés dont il avait intérêt de masquer l'origine et la qualité.

La relâche à Surinam, à la Martinique, quoique forcée, à Saint-Christophe, à Saint-Thomas, n'était pas moins nécessaire à constater par les officiers de l'amirauté, que le nombre et la qualité des passagers, et le changement opéré dans les hommes de l'équipage. C'est le vœu formel de l'art. VI du liv. I.er titre X de l'ordonnance de la marine; de l'art. X, liv. II, titre I.er de la même ordonnance, et de celle du 13 avril 1757.

C'est en vain que le capitaine prétend qu'il n'y avait point de consul danois à Surinam : cette assertion me paraît hasardée; car, dans tous les ports un peu considérables, il y a des consuls de toutes les nations : mais il y a plus, personne n'ignore qu'à défaut de consuls nationaux, on a recours aux autorités locales.

Si de ces vices essentiels à la navigation du *Wilhemsbourg*, je passe à l'examen des connaissemens du chargement, je trouve que les deux qui sont en faveur de *Roosen*, *Peter* et *Hermann*, signés du capitaine *en sa qualité de leur subrécargue*, sont les seuls réguliers, puisqu'ils sont censés faits par les chargeurs, dès qu'ils le sont par *leur agent et subrécargue*.

Le connaissement pour son propre compte est évidemment contraire à la charte-partie, puisqu'il lui était défendu de prendre aucune marchandise *que pour le compte des affréteurs, sous quelque prétexte que ce pût être*. Cependant, il paraît qu'il a chargé pour 24,000 liv. de marchandises pour *son propre compte*, et qu'il lui sera payé à raison de ce, *suivant la charte-partie*.

S'il a chargé pour 24,000 liv. de marchandises, il en a donc imposé dans ses diverses réponses, lorsqu'il a dit qu'*il n'avait aucun intérêt à la cargaison*.

Si la charte-partie est muette sur ce point, il faut nécessairement qu'il en existe une autre que nous ne connaissons pas.

Je n'oserais trop m'abandonner à cette conséquence, si les preuves de simulation se concentraient sur ce seul point.

Les deux autres connaissemens ne sont point signés ; le nom du navire y a été laissé en blanc. Cette réticence doit avoir une cause à laquelle il serait difficile de remonter. Ce qu'il y a de positif, c'est que ces connaissemens sont évidemment nuls.

Je remarquerai sur ces connaissemens un fait bien singulier. Les trois premiers sont faits à Para-Maribo, sous la date du 14 avril 1798 : cependant le capitaine a affirmé par serment, devant les autorités de la Martinique, être parti *le 13 avril* de Surinam, avoir *échoué à Brampoint, y avoir séjourné jusqu'au 20*, d'où il fit voile pour Hambourg.

Il est vrai qu'il a dit dans ses mémoires qu'il était parti le 20 de Surinam ; mais si sa déclaration assermentée mérite préférence, il demeure démontré que les connaissemens portent une fausse date, qu'ils n'ont pas été faits à Para-Maribo, qu'ils ont été faits après coup et qu'ils ne méritent aucune confiance.

Quoi qu'il en soit, le navire fut capturé par les Anglais et déchargé à la Martinique. De la Martinique, il fit voile pour Saint-Christophe, *avec un convoi anglais*, ce qui est prouvé par plusieurs lettres dont j'ai rendu compte. De Saint-Christophe il se rendit à Saint-Thomas ; à Saint-Thomas il dressa le manifeste de son chargement et un connaissement de sa cargaison.

Le manifeste, dans lequel on ne trouve aucun nom de propriétaires, de chargeurs ni de consignataires, est signé par le capitaine. Le connaissement n'est signé par personne, quoique le traducteur ait déclaré qu'il était signé par le capitaine.

Ce connaissement, comme ceux faits à Para-Maribo, est sur une formule imprimée de Hambourg.

C'est en l'état de cette cargaison que le navire a été capturé par *la Revanche*. C'est en cet état que la capture doit être jugée, et que deux tribunaux ont relâché le navire et la cargaison.

Lors du déchargement des marchandises, il s'en est trouvé une grande partie qui n'était pas portée sur le manifeste et dont il n'y avait aucun connaissement. Le capitaine en a même marqué son étonnement. Il a prétendu ignorer que ces marchandises fussent à bord : il a dit ensuite qu'elles appartenaient à des hommes de son équipage; il les a réclamées pour eux, comme en ayant fourni les fonds à Surinam.

Mais, s'il en a fourni les fonds, il doit en avoir les reçus; s'il en a fourni les fonds, il connaissait donc le chargement de ces marchandises ; s'il en connaissait le chargement, pourquoi n'en a-t-il pas fait de connaissement? pourquoi ne les a-t-il pas portées sur son manifeste de Surinam, ou tout au moins sur celui de Saint-Thomas?

Tant de causes concourent à faire suspecter la véracité du capitaine, qu'on ne peut s'empêcher de voir la simulation et la fraude sur toutes ses opérations.

L'acte du 2 novembre 1797, écrit sur papier de 1798, en offre une preuve si palpable, que le capitaine *Booysen* ne pourrait s'empêcher d'en convenir.

Comment se fait-il qu'une pièce de bord, que le capitaine devait avoir à son départ, soit sur papier qui a été timbré pendant qu'il était à sa destination ? Cet acte ne démontre-t-il pas la fraude ? cet acte ne déchire-t-il pas lui seul l'enveloppe mystérieuse qui couvrait les autres preuves de simulation ?

L'explication que le capitaine vient de fournir sur cet article presqu'au moment de la séance, ne nous paraît pas satisfaisante. Les notaires, les officiers publics ne sont certainement pas si inattentifs qu'ils puissent commettre des erreurs de ce genre.

D'ailleurs, l'envoi du papier timbré peut bien se faire dans les bureaux de distribution avant la fin de l'année ; mais ces papiers doivent nécessairement rester dans ces bureaux jusqu'à l'époque où les officiers publics ont besoin d'en faire usage. Personne n'ignore qu'on n'achète pas par anticipation des marchandises de cette espèce, et que ce n'est qu'au moment et selon le besoin que l'on va s'en pourvoir dans les dépôts publics, lors sur-tout que, comme ici, on n'en peut faire usage que dans un temps déterminé.

Il semble que la preuve de simulation et de fraude s'accroît en raison des efforts que le capitaine a fait pour la cacher.

La lettre du 30 octobre, que j'ai annoncée pour la fin de la discussion, fait tomber le voile en entier ; elle répand un faisceau de lumière sur la cause. Il est dit dans cette lettre : « J'ai reçu *depuis quelques* » *jours* un document d'après lequel je suis pleinement en liberté de » trafiquer avec Surinam. C'est une permission du roi d'Angleterre » à ceux de ses sujets qui ont des plantations à Surinam, d'en » exporter le produit sur des navires neutres : cette permission est » datée du 11 septembre 1797. »

Comme on avait voulu appliquer cette lettre à une ancienne affaire, on a altéré la date de la permission du roi d'Angleterre, et l'on a fait un 6 du chiffre numérique 7 désignant l'année (1) ; car si le 30 octobre 1797, on écrit, « J'ai reçu un document *depuis quelques*

(1) Quel que soit l'auteur de cette altération, elle a donné lieu à des plaintes respectives.

Ces plaintes sont indifférentes ; car l'altération n'influe nullement sur la cause. Le contenu de la lettre en détermine la véritable date, et fait cesser toute dispute à cet égard.

jours », ces *quelques jours* ne peuvent pas s'entendre d'une année, mais de l'intervalle de tems qui s'est écoulé depuis le 11 septemhre 1797 jusqu'au 30 octobre suivant, époque de la lettre, et non de l'intervalle de 1796 jusqu'en 1797.

Il me semble que l'article de cette lettre que je viens de mettre sous vos yeux, développe clairement le germe de simulation indiqué dans l'analyse des premières pièces de bord.

Voilà un navire *hanovrien* dont le propriétaire est *incertain*, partant pour Surinam avec une *permission du roi d'Angleterre, pour importer dans la Grande-Bretagne le produit des plantations des sujets anglais possessionnés à Surinam.*

Voilà, tout-à-la-fois, comment s'explique l'énigme des *étrangers* pris à Surinam et qui ont disparu à la Martinique. N'est-il pas visible que c'étaient des *sujets du roi d'Angleterre* qui, ayant *des plantations à Surinam, avaient la permission de leur souverain d'en exporter le produit sur des navires neutres, et de les importer en Angleterre,* et qu'ils auront suivi de la Martinique *leurs propriétés* à Londres! N'est-il pas probable que, pour justifier leur propriété, ils auront emporté avec eux le *document* que le capitaine avait obtenu pour aller charger, à Surinam, *les propriétés des sujets du roi d'Angleterre,* auxquels il était permis de les escorter et exporter à Londres.

Cette conjecture me paraît tout expliquer, et avoir le caractère simple et naturel de la vérité.

D'après cela, vous ne devez pas être surpris que le capitaine se soit constamment refusé à la vérification de l'origine des marchandises. Quand on n'a rien à craindre, on appelle la lumière, au lieu de l'écarter. Mais ce qui vous surprendra, sans doute, c'est que les tribunaux aient refusé de s'éclairer. Refuser de s'instruire, c'est se montrer peu digne d'administrer la justice. Je ne m'appesantirai pas sur un sujet si délicat; j'aime mieux penser que les apparences trompeuses de la neutralité ont fait illusion aux tribunaux. Cette illusion ne s'est pas opérée de la même manière sur les interprètes choisis pour la traduction des pièces. Il faut que quelqu'autre charme ait agi puissamment sur eux : sans en connaître la nature, on peut en juger par ses effets.

Je sais bien qu'il est des choses qui tiennent à l'ignorance ; mais les suppositions de signatures sont d'un genre qu'il n'est pas permis de tolérer.

Au surplus, je ne remarque ces sortes de choses que pour réveiller l'attention sur de pareilles manœuvres, et pour prévenir que la fraude ne triomphe de la vérité.

Il me paraît inutile de discuter les autres moyens du capteur ; je crois que le Conseil est assez instruit dans cette affaire, à laquelle j'ai déjà donné trop de développemens.

Par ces considérations, je conclus à la confiscation du navire et de la cargaison.

Délibéré le 17 Brumaire an neuf. *Signé* DURAND.

Ouï le rapport du C.^{en} *Montigny-Monplaisir*, membre du Conseil; tout vu et considéré,

LE CONSEIL, adoptant les motifs développés dans les conclusions du commissaire du Gouvernement, décide que la prise faite par le corsaire français *la Revanche*, de Bordeaux, du navire sous pavillon danois *le Wilhemsbourg*, est bonne et valable ; en conséquence, adjugé au profit des armateurs et équipage dudit corsaire, tant ledit navire, ses agrès, ustensiles, apparaux, circonstances et dépendances, que toutes les marchandises et effets composant son chargement, pour le tout être vendu aux formes et de la manière prescrites par les lois et règlemens sur le fait des prises, et le produit net remis auxdits armateurs et équipage, prélèvement fait des droits attribués en faveur des invalides de la marine et des marins français prisonniers chez l'ennemi, par les lois des 9 messidor an 3 et 3 brumaire an 4, et par l'arrêté des Consuls du 7 fructidor an 8.

A quoi faire tous gardiens, séquestres et dépositaires seront contraints par toutes voies dues et raisonnables, même par-corps ; quoi faisant, ils en seront et demeureront bien et valablement déchargés.

Fait le 19 Brumaire, an neuf de la République française, une et indivisible. Présens les C.^{ens} BERLIER, *président ;* NIOU, MOREAU, LACOSTE, MONTIGNY-MONPLAISIR, DUFAUT, PARSEVAL-GRANDMAISON, TOURNACHON, COLLET-DESCOTILS, tous membres du Conseil des Prises, séant à Paris, maison de l'Oratoire.

AU NOM DE LA RÉPUBLIQUE FRANÇAISE, il est ordonné à tous huissiers sur ce requis, de mettre la présente décision à exécution ; à tous commandans et officiers de la force publique, de prêter main-forte lorsqu'ils en seront légalement requis ; et aux commissaires du Gouvernement tant intérieurs qu'extérieurs, d'y tenir la main. En foi de quoi ladite décision a été signée par le président du Conseil et par le rapporteur.

Par le Conseil :

Le Secrétaire général, signé CALMELET.

À PARIS, DE L'IMPRIMERIE DE LA RÉPUBLIQUE.
Frimaire an IX.

www.ingramcontent.com/pod-product-compliance
Lightning Source LLC
Chambersburg PA
CBHW070747280326
41934CB00011B/2824